AF277105

LA CAUSA DE LAS CAUSAS DE LAS COSAS

Aitor Francos

La causa de las causas de las cosas

Ediciones Trea

Primera edición: septiembre de 2024

© Aitor Francos, 2024

© de esta edición:
Ediciones Trea, S.L.
María González la Pondala, 98, nave D
33393 Somonte-Cenero. Gijón (Asturias)
Tel.: 985.303.801. Fax: 985.303.712
trea@trea.es | www.trea.es

Dirección editorial: Álvaro Díaz Huici
Producción: Patricia Laxague Jordán
Dibujo de colofón: Javier del Río
Impresión: Podiprint

Depósito legal: AS 00757-2024
ISBN: 978-84-10263-09-3

Impreso en España – *Printed in Spain*

Hil ezazu aita, hil ezazu bertan
Ez baduzu hiltzen, hila zaude
Ez baduzu hiltzen, hilko zaitu berak.

HERTZAINAK

Quiero encontrar, ando buscando la causa del sufrimiento.
La causa a secas del sufrimiento a veces
mojado en sangre, en lágrimas, y en seco
muchas más. La causa de las causas de las cosas
horribles que nos pasan a los hombres.

BLAS DE OTERO

Imago hominis

My children play with skulls

Audre Lorde

DESCENDENCIA INESPERADA

No paraba de crecer.
Mi hijo era una idea.

Desde la más tierna hemeroteca espiritual
los dioses le destinaron
a ser un croquis inestable.

Fue un pensamiento erótico de Sócrates
un día de marea alta.
Estuvo cerca del Moldava y de la isla de Pascua,
y en los sueños árabes de Borges,
haciendo hexámetros de tiza por el Amboto,
y en una caravana de elefantes de circo
que cruzó dos veces seguidas la ría del Nervión.
Estuvo en todo lo que yo vi alguna vez
por la televisión pública,
con un mantel delante, cenando frío.
Y en lo que no me dejaron ver.

Vendrá (lloraron los arúspices bíblicos)
con jabón burbujeante y escamoso cuerpo.
Género desconocido, seleccione idioma.
Ser una cruz que respira no debe ser tan fácil.

Tan hecho de destiempo
no aceptó ser un prontuario de anatomía, todavía sin
[colorear.
No aceptó ser tan diferente como para no nacer.

Porque qué mejor publicidad para la vida que nacer.
Mejor aún. Que estar siempre naciendo,
o a punto de nacer.
Mi padre nunca fue mi padre y quizás yo nunca llegué
[a ser el hijo que no tuvo.
Mi padre estoy siendo yo ahora
mismo, en el hijo que aguarda mi perdón.
Naciendo yo de él nazco contra mí.

2

La piedra de Horeb

The graves grow deeper
The dead are more dead each night

Mark Strand

EL POETA

A Gabriel Insausti

Imaginad al hombre, sí, al hombre,
escribiendo, sentado en una silla
de mala calidad,
una carta de amor a una mujer
de Middlesbrough, al norte de Inglaterra.
(O puede ser a Lituania, al istmo
de Curlandia, que divide países e historias
que no pudieron ser.)
Vedle rumiar palabras en inglés
penoso, y dominarlas, de una en una,
con esfuerzo, como si no hubiese otras
con las cuales poder pedir perdón
a la conciencia.
Está ahí, solo, meditativo,
sin prestar atención
a lo que debería estar leyendo:
unas notas de Auden,
a *Cartas de Año Nuevo*,
apuntes y cultismos de académicos.
Usa gafas de cerca, y no impresiona
así de ser tan viejo;

limpia el cristal, a ratos,
y abre, por cualquier
página, el misterio o la poesía.

Ese hombre es un recuerdo
acaso prescindible para el tiempo
(no habré muerto del todo al compartirlo),
ventana que da cuenta de las vidas
de anónima belleza y tosca fe
que pasan por debajo
de su reflejo inmisericorde.
A menudo hay algo que desentona
en él, como una valiente y secreta
lección de caridad;
la pobreza de una reivindicación sincera,
de la palabra justa
en el tiempo presente.

Imaginadlo a salvo del dolor
en la noche que espera a tener sueño
para morir tranquila.

CAMINAR SE IMPONE

Descubres, abstraído quizás del mundo,
un árbol común donde los haya.
Desconoces la especie,
qué nutrientes ayudan a su preservación.
Es, en cambio, en tu rutina diaria,
como una visión holística, cumbre
trascendental de la naturaleza,
aquí, en este barrio
plebeyo de ciudad domesticada.
Algo vulgar en su melancolía
te confirma que está estableciendo
una respetuosa vigilancia
desde la primera hora del día,
para hacerte saber que sigue ahí.
Que lee lo que tú lees,
y que sabrá en poco tiempo quién eres,
y tal vez hasta qué come tu gato.

Con la misma fe con la que eres agua,
sedimento y especie,
sé también parte de ese árbol sagrado,
que no existe ya fuera del lenguaje

que le está dando un nombre que no quiere.
Considéralo hoy tu mejor obra.
Y que el tiempo saque sus conclusiones.

AQUÍ NO

La casa me conoce.
Copia gestos comunes,
hace de testigo curioso e inoportuno.
Vivirla es historiar
la muerte del espacio,
ridícula osamenta
de un animal distante y mitológico
de arena refinada y soldaduras
tristemente violentas.

La casa es, al final,
sintaxis de los huecos:
sabe por dónde unirse
a formas de ser isla.
Mas, ¿cuáles son las huellas a seguir?

REFUNDICIÓN

I

Todos los poemas son de madera
y están hechos con piezas de recambio.

Lo que unos poetas olvidan es del provecho
de otros poetas.
No se diferencian tanto entre sí.
Hay un lugar común,
como una obra de encargo compartida.

Escribir es trabajo
de leñadores. Romper, desunir.
Quitar la corteza, darle uso a todo.
Aunque nada acabe de encajar como debiese,
escribir es saber
que la sintaxis está muy sobrevalorada:
igual que las hormigas, las palabras;
apenas se comprometen a unirse
más de un segundo,
espontáneas, partículas difusas,
y reúnen en diversos montoncitos
el deseo y la calma.

Son, a pesar de todo, un solo órgano.
Uno mayúsculo. Libro total.

Completaré el mapa de los árboles
solo con la lectura
de los trozos apartados e inútiles.
Que el fragmento impere sobre el conjunto.
Que las partes se integren para ser armonía

en la primera tala, y en la última.

II

También las catedrales de verdad
son de madera y arden.

Los constructores actuales pensamos
en una cosa: conservar la temperatura,
mantener vivo el fuego.
Y que en él se unan todos los cuerpos.

Mientras, se necesitan albañiles.
Edificar, levantar muros, tabicar almas.
Armar la cal del llanto, el retrato
del cemento.

Y los ladrillos al sol,
para que den el fruto de la buena
suerte. Y madera. Mucha
madera de temporada. De cedro
y olivo. De nogal y fantasía.

Habrá que ir al bosque más a menudo
para la recolecta, contratados
por el tiempo, con hachas de pensar.

QUIÉN SERÁS

Ya puedes renegar de la victoria.
Permítete cumplir con la desdicha.
Fingiendo ser el único eres otro,
igual de fracasado.
Ni siquiera cambiaste la oscuridad de sitio.
Retira los aplausos, agrede mucho al público,
y carga con la culpa
de unos padres piadosos.
No aconsejes la humildad como oráculo.
Olvida, cuando puedas, que estás vivo.
Los papeles, cuartillas, borradores,
quémalos en privado,
para que nadie descubra su nulo
interés literario.
Asume que como personaje
perdiste la atracción, el sex-appeal.
De ahora en adelante,
quién te dará charla en los entierros.
Quién, si tu noche no tiene argumento.

DESDE NORUEGA A BILBAO

Los bacalaos, en su caja de rancia madera,
ya casi podrida de humedades
por los frecuentes cambios
de temperatura,
cual estatuas de sal de la prehistoria:
ellos dictarán las trampas del tiempo.

En su curada anatomía siglos
barnizados de especias,
resplandor putrefacto.

Poco ofrecen, desde luego, al anuncio
de un precio rebajado
estos ejemplares de exposición:
el mar de los vikingos,
la grasa de la luna deshaciéndose
debajo de la lengua.

Súbito es el deshielo de los mapas
en esta periférica
tienda de barrio pobre.

3

Imprimatur

Vendrá pronto la muerte, y solo te habrá dejado
un momento para gozar de la merienda.

LEOPOLDO MARÍA PANERO

RECUPERAR LA CADENA DE FRÍO

Mi primera biblioteca cabía
en un frigorífico de Zanussi.
Alguien le había extraído el motor,
cambiándole la suerte.
Conservaba, no obstante, una bombilla
de pocos kilovatios
que apenas daba luz,
y no sé si calor.
Los dos tomos de Poe (los de Alianza,
en la traducción de Cortázar), Stendhal
y su *Rojo y Negro*, *El Quijote*, Sartre
(o quizás fuese Kafka)
y *Ficciones* de Borges.
Nada mal para empezar a ser útil,
alejado del propósito aquel
para el cual sí estaba destinado,
dándole un sentido mucho más práctico
a la literatura;
conservar íntegros a los mejores.

Pensé en incluir un buzón de sugerencias.
Añadir, por si acaso, un gran letrero:
Se admiten donaciones.

Que se pareciese a un jardín botánico,
en cuanto a variedad.
Y hacer un listado de prioridades,
como quien se prepara
para ir con ello a comprar cosas básicas
y subsistir lo de una vida entera.

La biblioteca fue creciendo al mismo
ritmo que lo hice yo,
en círculos concéntricos.
Un árbol de cada especie, y uniendo
fuerza, plantas y flores, sin padrino;
y hojas sueltas, de otoño editorial.
En fin, el frigorífico
hacía la función de invernadero:
temperatura ambiente
para que la cosecha fuese fértil.
Los libros con un uso comestible,
alimento diario
de envase reciclable y digestivo.

Vista ahora, qué simple la metáfora.

EL DÍA DEL PADRE

Cuando juegas a pintar, tú lo ignoras,
pero estrenas para el mundo el primer
árbol: haces el tronco, un trazo grueso
al aire, entre maleza
imaginaria. Es como si dijeses,
con cada nueva raya:
saliros de los márgenes,
pensad con el color.
Que las ramas ignoren qué fruto deben dar,
a qué dios pertenecen,
a qué jardín festivo.

Ese árbol que estás pintando sube
a propagar desorden
por dentro de los cuerpos bendecidos
y en todas direcciones:
pronto te hará crecer.

No hay quizás Adanes.
Ni reyes ni crepúsculos.
Ni palabras de honor.
La poesía es verde y silenciosa,
hecha de juventud.

La tierra todavía
no tan redonda,
y todo el cielo quiere estar muy sucio.
Cualquier forma que pintes
(cualquier figura humana)
será tu padre, al menos un momento.
Tú sola estás creando el universo
con un lápiz de Alpino.

TIERRA NATIVA

De nuevo has ordenado
el bosque, cambiando de lugar cedros
y ardillas, arroyos y libélulas.
Recibes las mareas con orgullo
de bichos y hojarasca.

En ese exiguo dominio, artefacto
privado ya de hombres,
las cosas capitulan de su modo
divino, y lo hacen sin arrepentirse.
El lugar que habitas es como un cuerpo
en donde está todo lo necesario
para más de una vida.

Y es cada día el final de otra historia,
y de la misma historia.

ETERNO ADOLESCENTE

> Vivir es un plagio.
> Cioran

Sabes (y es buena virtud en verdad) escribir
malísimos
poemas. Firmas
con pasión y entusiasmo
desmedidos versos (nunca mejor
dicho) de encabalgado
éxtasis juvenil,
siendo tú tan mayor.
Prescindes de la Historia, pues es efímera
y cambiante (supones),
jamás está a la moda.
Con qué desobediencia rindes cuentas
al tiempo del lector;
envidio la facilidad que tienes
para ser cursi adrede.
Y esto no es una sátira, sino un triste elogio
de moderada envidia.

Apaguen los sentidos.
La condena es tan larga…
Y el circo está llegando.

FISIOLOGÍA ELEMENTAL

Movámonos en círculos,
juguemos solamente a tener cuerpo.
Nademos a favor de las metáforas.

La eternidad es, ahora, accesible
como un vaso redondo:
cada noche una isla
donde nunca estuvimos.

Salgamos del dolor a hacer historia,
y así reciba el día
gratitudes, certezas.

Nacer fue tener tope de repente.
Un sino material.

Qué único el cuerpo para significar.

Seamos vida adrede.

HÁGASE EL TODO

Es fácil destronar
montículos de tierra, hacerlos elegantes,
con forma humana, familiarmente reconocibles.
Quizás sea cuestión
de lanzarlos hacia donde quisieras vivir,
y dejar que se disperse el lugar
que están representando
sin puntos de sutura o sujeción.

Poner la línea de la casa un poco más allá,
reducirla lo máximo.
Que sea un cabo suelto.
Un punto solitario,
pegajoso y molesto,
que lo contenga todo.

BIBLIOGRAFÍA ESENCIAL DEL ESPACIO

La casa se vacía
de lectores atentos.
Qué a gusto me he quedado en el silencio,
dejándome envolver
sin un porqué ni un quién.

O la pared o yo,
me dice el libro abierto.
Y los cuerpos que marcan la distancia
casi no son lugar
de reconciliación.

¿Estamos todos vivos
en medio de la nada?

DEVOCIÓN AL ARTE

Que la palabra que aún no conoces
separe esta herrumbre primeriza
del alba, y reponga, acaso mutilado,
el bote de cristal
donde guardabas la duda de nacer.
La poesía nunca te reclamará, transcurres
ajeno a la tarea de escribirla.
Sé prudente (y omite tu opinión),
actúa como si fueses por fin
funcionario de prisiones:
guárdala, encierra en la necesidad
de un nuevo milagro
su ánimo cambiante,
el nulo compromiso que te ofrece.
Aprende la lección
de castaños y ciruelos: la producción
es lo que cuenta, y no el don esporádico,
falto de esfuerzo y de obligaciones.
Aunque acapares con ello infinito
para toda la vida,
reduce tu obra a belleza vulgar,
combina los colores más primarios.

4

Clarividencias

Y debo saludar a los constructores del abismo.

BLAS DE OTERO

EL INMORTAL

A mi pesar
cultivo lo elegíaco.
Converso con difuntos
muy a menudo, con la cercanía
propia de un dios
que no cree en otros dioses.

A mi pesar
les digo lo que pienso, modestamente
los celebro con versos pesimistas,
jaculatorias fúnebres,
lápidas ingeniosas.
(De vez en cuando me pongo de acuerdo
con los muertos en eso de guardar
silencio.)

Soy fiel a la doliente ley del tiempo
mas no puedo sino mostrar agradecimiento:
la muerte de los otros
me hizo resistir.

PROGRESIÓN DEL MAL

Las cucarachas hicieron su casa
con un terrón de azúcar.
La siguiente generación tiene ya un refugio
asegurado donde conservarse indemne,
el ambiente ideal
para poner más hielo en las almohadas,
limando así el defecto
de una herencia nociva.

Cuando les apetece
desentierran preguntas,
y hacen de la noche confesionario.

Cuidar del dolor también es ser un buen padre.

EPISTEME

I

Casi me da vergüenza estar presente
en la forma más simple de una sombra.
Lo que seré está ahí, no precisa
explicación. El árbol
es árbol porque nunca me abandona
en medio de la espera.
Asumo sus lecciones y acomodo
a mi humildad de hombre
el poder increíble
de su belleza antigua.

De pronto todo a mi alrededor son
signos que reconozco:
ya no hará falta vigilar el fuego.
La hoguera del mañana nunca supo
perdonar el oráculo,
el nombre del hijo que ya no es hijo.

Ahora estoy hecho a vivir aquí,
sin que eso signifique
que haya conquistado este lugar.

Pido que sean libres los sentidos,
y es todo tan simple: abrir solo las manos
y dejar que nada caiga:
ni hojas ni palabras.

El árbol de casa,
a veces, agita sus poderosos
brazos, quizás con la terca intención
de consolarme, y entonces se agrietan
los terrones del huerto,
y me desobedecen
nubes lejanas, sueños de otras vidas.

De este modo es como sé lo que quieren
decirme las piedras del camino
en cuanto me levanto.

II

Soy el dueño de la tierra que me cubre
con mano de labrar.

No procuro saber
ni ser testigo insomne
de su manso y sutil ahuecamiento,

ni dar revelación a su milagro
y sostener en él
muecas de sangre, jugo
de azúcar, cetros de una amanecida.

La tierra me da un nombre:
se levanta triunfal,
con insectos de noches consteladas
en un bazar de fiesta.
Me arrodillo para abrir su testamento,
aún convaleciente,
y, al cogerla, aparto de su envoltura
la esforzada tinta de la oración,
el negro liquen del luto no humano;
hay cáscaras de luz y abono dulce.

Así es como se deshace la profundidad
que pongo con esmero
encima de la mano.
Retiro de la muestra
el rastro del presente:
un musgo con semillas
soñadas, y excrementos frescos y últimos.

Callosa llega al alba la tierra de dormir.

CALIMA

Qué hornada inofensiva
la pobreza del mar
refugiándose en ojos de un gorrión.
¿Qué florecimiento anhelaba entonces
yo,
en el pan del mendigo,
en los restos del día?

RODAR

Solamente estar en la circunstancia,
contra el centro de todo:
soy demasiado joven
como para existir a cada instante.

Ver girar la luna,
que se suelta igual que un ojo de halcón.
Acaso la memoria no supere
lo triste de rendirse
al movimiento inútil de una rueda.

Es todo impulso una curva inesperada.
Nacer a lo vencido.

Tal vez haya una cima
y esté orientada a alguien.

CULTIVO DEL MILAGRO

De vez en cuando gotea el sueño en la bodega
alterando la paz
del vino a mediodía.

El caldo es una atmósfera,
hueso de sol en la sangre del huerto.
La fruta no la ves, salvo al probarla,
y ahuyenta de la noche necesaria
el linaje del frío,
con muros de convento.

Llevado a la marea,
es barco de recreo, o dios hecho acertijo.

EL HEREDERO

Ni siquiera la muerte respeta tu tiempo.

Soldado
victorioso, recibiste un mensaje
de diosas esforzadas
en complacerte.
                    Escucha
bien ahora lo que voy a decirte:
porque nadie, ni los más indiscretos
héroes de guardia, feroces ejércitos
siempre alerta, conocen
el lugar del banquete.
La celebración de tu advenimiento.

No habrá conjuras contra el ocio mudo
de las falsas estatuas
que encarecen el valor de la ciudad recordada.
Ni lápidas de broma.
Ni trofeos por ley.

Nadie atacará las barreras del sinsentido
y ofrecerá tus armas

con nocturnos consejos
de madre cautelosa.

Sé un traidor prudente:
adorna tus regalos.
Pule la espada del necio, rendido
en perfumadas camas,
y ensilla su unicornio.

Has heredado la mortalidad.

ÁRBOL SIN CUÁNDO

Casi nunca está solo
plantado en la apariencia.
Incluso tiene un nombre
—no sé si dulce, oscuro latinajo—,
distinto al que le pusieron los niños
de la guerra civil.

Linajes sucesivos lo decoran
apoyado en el muro de la casa,
y está a favor de ser bello sin culpa,
entre cazos de cobre y vidrios verdes.
Lo dejaron crecer
libre, sin que la poda
allanase su cíclico y perpetuo
diccionario de fiesta.
Hicieron de él un costumbrista y fiel
retrato del olvido al natural.

Para eso viene ahora,
a escribir por mí este poema,
a quitar de mi vida lo que fue tiempo.

Sin origen, él, mucho más que yo.
¿Puede ser más salvaje el espejismo?

EL PANADERO

Os di un amor de manos pegajosas.

De acumular, reunir, sumar dolor
(fuisteis huecos que amé
solo con levantarme cada noche).

5

No sabrán del olvido

Itaka, berriro helmugatzat
Bidea eta bidaia, luzea izan dadila.

Fermín Muguruza

YO SIENDO YO

A los treinta y cuatro años de mi vida,
sigo la tradición de Blas de Otero y de Celaya
(amén de Gloria Fuertes)
y sumo al gran catálogo
de la autoficción mi panegírico biográfico.
Soy, si me comparo,
un ejemplo de poeta menor.

A los treinta y cuatro años de mi vida,
me es hasta sencillo
extraerle un hueso a la oscuridad,
parar en el desguace,
ser un error del espacio absoluto.

A los treinta y cuatro años de mi vida,
me divierte bastante ser injusto,
hacer ruidos raros, desagradables
muecas de obscenidad,
y me descalifican
en los premios de poesía joven
por existir muy vagamente (y tan vagamente),
por tener la pasión
rebelde de los mártires.

A los treinta y cuatro años de mi vida,
me paso muchas tardes
hablando en castellano,
y leo, cuando puedo, el diccionario
de sinónimos, y el de Manuel Seco.
Si llueve, los domingos son perpetuos
y veo a gente oscura, bien vestida,
volver del hospital.
Si no llueve, la tarde se me va
revisando cajones,
estanterías, carteras y mochilas,
monótonos estuches de madera,
como si fuesen arcas de Noé.

POR TODOS LOS SANTOS

Es peligroso estar
desmesuradamente
muerto.
                        No estoy tan muerto
(al menos eso dicen)
como para creérmelo del todo,
como para ser muerto por completo,
redondeado perfil de bondades
de difunto,
un muerto de esos de hilo
de marioneta rota
pero con gracia.
Digo un muerto en términos absolutos,
rotundamente muerto,
un muerto que se incendia
fumando un mal papel
de escribir.
Un poco muerto sí.
De muerto que trabaja,
en fin, viviendo,
tecleando
esquelas, cartas que no se responden,
que amasa en cada cuerpo

panes de miga seca,
pan caliente de olvido.
A veces, solo a veces,
un poco más de muerto
que de otras cosas, sabéis, celestiales.
Un muerto complaciente con sus muertos,
si es que queda en familia.

Yo, que
viviendo de la muerte no llego a muerto vivo.
Yo, que
no llego a más que muerto
de relleno, muerto de mala muerte,
a muerto de postín.
Yo, que
amé no habiendo muerto,
también
amo siendo la muerte.

EL OLVIDO ES UN BORRADOR

No olvides dónde estás, ni quién escribe
la pared de silencio.
No olvides escribir para olvidar.

Mejor poner la mano en la palabra
y no decirla.
Nunca abrumar al viento con creencias.
Mejor no confesar lo que hace el viento.

Mejor no estar ya que tratar de ser
un hombre de provecho, jadeante
de sentido. Mejor
ser más. Mejor ser menos cuando más.

Mejor ser olvidado. No olvidar
ser olvidado. Olvidar no escribirlo.

6

Un día más en el inconsciente colectivo

AMULETO

El fósil del dolor
conoce bien la falta:
el tiempo que se pierde en las preguntas.
Jamás pude oponerme
a probar su armadura de aluminio.

No cambiará por nadie sus costumbres,
pero algún día
se estirará con actitud inmisericorde,
a poco que las piezas comiencen a encajar.

Y será comprensible,
como calle con lluvia.

ENCIERRO DE AMHERST

Fame is a fickle food
Upon a shifting plate
EMILY DICKINSON

Hay pinzas de colgar en las metáforas.
Podré decir que he sido conquistado.

El maquillaje de los libros fue
un legado aceptable;
su mapa de venenos
me ayudó a comprender
lo útil de ser bello en un idioma.

Sin embargo, el silencio no sirvió
para nada.
                              Reniego
ya de su propiedad
y, en adelante,
seré un ataúd con nieve dentro,
un nombre para tender a secar.

HERRIA

Este país es tan
pobre que retira su tristeza de las aguas.

Os diré más: la lengua
que hablo no tiene puestas de sol, pero
es roja como un niño
con ambas rodillas ensangrentadas.

Mi afán ha sido darle
conciencia a la casa de barro donde se cuece
la memoria del pueblo
y que levanta en hombros la humildad.

Esta noche no será diferente
de las que nunca fueron.

LIENZO ESPONTÁNEO

Qué fácil de leer la claridad.
Los cuerpos que comparte
el tiempo mientras huye.

Y despertarse,
como si alguien nos hubiera elegido,
pasando el dedo
sin fuerza por encima.

En casi todo instante
reversos de un enigma,
fantasmas acosados por el viento,
la suerte despeinada por creencias.

Para otras preguntas, mejor la vida.

FINAL CON PRINCIPIO

Un ansia de algo. De tocar lo leve,
deliberadamente.
Así es como mostramos interés,
sin demasiados efectos especiales.

Insisten, inútilmente, los símbolos,
hoy, silencios con los que el viento juega,
aunque los mapas no sepan decir
qué es lo que les duele.

Tan parecida a un eco, belleza sin instante,
la claridad pensada.

UN DOMINGO CUALQUIERA

Sentado en una piedra,
solo queda mirar hacia delante;
ver grietas en la luz,
como naranjas frescas rodando por el suelo.

Se escucha a la memoria envolver sombras
empapadas de sudor, transformar
el cuerpo que tenía todas las propiedades
lingüísticas de un dios,
beber de lo invisible
preguntando dónde estoy.

Alguien cuenta un secreto,
con un poco de calor prestado.
No es más que un sol enfermo
en el que oculta sus clavos la muerte.

MODERNIDAD

No poco de tristeza —lo dijo algún artista—
en la absurda definición del alba.
Desde el siglo XXI
la luz no es decisiva
para pintar la muerte.

Es algo público
que todos los retratos han prescrito.
Que no queda papel en la memoria.

Un nuevo orden del arte.
Los pinceles son amigos discretos.
Mezclan sombras, y exhaustos
asumen lo que falta en el conjunto
del paisaje, si aún se ve borroso:
respetan lo invisible,
y restan del presente,
fronterizo y fugaz,
los residuos de formas y colores
que invaden de eternidad el misterio:
cuánto tesoro inútil.
Y cuánta noche en ascuas
que gana con no ver.

Alivio y extrañeza,
todo hecho a la medida
de la extinción y del renacimiento.

7

La lengua vulgar

En adelante y para siempre prescindo de la inmovilidad humana; yo me muevo constantemente, me acerco a los objetos y me alejo de ellos, me deslizo entre ellos, salto sobre ellos, me muevo junto al hocico de un caballo al galope, me introduzco en una muchedumbre, corro delante de tropas que se lanzan al ataque, despego con un avión, caigo y me levanto con los cuerpos que caen y se levantan.

Dziga Vertov

DON INMERECIDO

Se acumulan sobre el toldo de lino
unas migas de sol,
rara vez en la mesa de escribir.

A pleno mediodía,
la morada de la luz fingiendo ser un sueño.

Nunca mirar las cosas desde arriba:
partiendo de la tierra toco el árbol.

Quién espera en esta habitación sin
pared, abierta al mundo.
La gravedad es fiel en su agonía,
y el mito se supera.

Apenas hay desgaste
en el golpe de dados.

POÉTICA SIN POÉTICA

Sur les murs nulle abomination artistique.

CHARLES BAUDELAIRE

Cómo podría hacer que un poema
como este fuese
completamente libre.

¿Poner en letras grandes,
en el margen superior,
Sin título, y que sea útil como
cartel publicitario?
Que le haga concesiones al vacío,
y luego un viento antiguo
niegue su propiedad.
Que tenga doble vida y doble fondo.

Poética sin poética. Por ejemplo.
La preposición «sin»
implica negación, más que abandono.
Renuncia más que pérdida.

Nada le impida gobernar la Nada.

ABURRIMIENTO

Definitivamente el tiempo fue
implacable. No hubo que inventar
ninguna frontera, él mismo pactaba
la mudanza y los muebles del atrezzo.

Definitivamente fue la brisa
del tiempo, soñada, nunca real,
haciendo propaganda de los dioses,
sumando desconsuelo suficiente

a la prosa de irse y de quedarse.
Un frío irrefutable, mástil de horas,
queriendo desmentirse de vivir.

Definitivamente todo y nada
el tiempo, entre los restos de la ropa,
pasando los domingos triste y solo.

EN ARMAS

Son siglos de pericia.
No midas más el verso faraónico
y haz resonar la aldaba. Golpea tu memoria,
impetuosamente,
con el cadáver que tengas a mano.
Y olvida las palabras, falaces fortalezas
de sueños arquetípicos:
no sirven a la guerra.

Escribe para las piedras (y para ser piedra)
e imprime, nada más,
tu sello de vencido.
Ahora que ya no existe la grandeza.

SOBERBIA

La causa es justa, o eso dicen quienes
conocen mi reinado. Si se me niega
asilo habrá revuelta
en las calles, destinos farragosos
para la urbe divina.
No supe (y lo intenté)
legislar el silencio.
Que nadie se revele o tome apuntes
y sea cómplice. Que no se done
papel a las ideas.
Que nadie signifique más que yo.
¿Es este territorio el conquistado?

MEJORAS EN LA HABITABILIDAD

Del cuerpo me arrancaron una casa.
Porque
escribimos la casa con la vida
(la casa de salir
con vida
del cuerpo)
queda (reconozcámoslo)
mucha noche en las uñas.

Fuera (o dentro), quién sabe,
la luz rasca la puerta,
como un perro caza.

AUTOANÁLISIS

(Samsara)

¿Desde cuándo son mías
las palabras? Nacieron del perdón
de la alegría
a la ceniza lírica
de los símbolos. ¿Desde cuándo son
exhumación de luz,
bata de luna ciega,
triste ala de forense?

PLANO SIN PERSONAJE

Repasas la línea. Si la limpias de hojarasca,
nada le pertenece.
Esta es tu grieta. Caminas haciendo
rodeos, equilibrio. Siendo, aquí,
periferia, penumbra
e indefinición. Tomas
el último contorno.
Y no eres tú.

SUCESIÓN

Esto es lo que conseguí heredar:
la canción del esfuerzo por crecer
con piedras en los bolsillos, también
un lugar favorito en la luz.

Yo
siendo alimento, un linaje de brazos
cortos y pan de arcilla.
Hijo que colectaba escaramujos
y juguetes de azúcar, hijo sin
síntomas suficientes
para ser, quizás con tiempo, perfecto.

Alguien, al enterrarlas,
impuso una censura a las semillas.

MUDANZAS DEL HOMBRE

Aquella casa era alguien que paseaba
cambiando soledades de bolsillo,
oscuro transeúnte de los límites.
Los cuerpos que la habitaron entonces
la iluminan ahora
desde fuera, pero tan tenuemente
que es difícil descubrir su contorno,
saber dónde comienza
a estar muerta, en qué brazo
de amigo se sostiene, borracha de esplendor.
Quizás la casa buscaba ser madre,
salvarse en un amor civilizado
y descubrir en sí
huecos, reconocerse en otro espacio
de tibia incertidumbre.
No hubo dolor, seguro,
cercando el más allá.
No, al parir la muerte.
La casa nació de una herida abierta.
No debió ser alegre reinar en el secreto.

CENTRO DE GRAVEDAD

Debe ser (así lo siento) que estoy atrapado
en un punto de no regreso. Límites,
ninguno: el bosque es claro.
Y, no obstante, yo debería estar
apenas en el centro,
mirando a lo que soy.
Me vuelvo, y no hay camino,
derecho de tanteo,
belleza, o fulgor.
Y florecen los bordes,
acumulando notas, papeles con poemas,
en vez de árboles.
Engendrando monstruos de ilusionista,
palabras sin lugar.
Y, sin embargo, pienso:
el centro aún existe.
Nada pudo borrarse porque yo
haya dejado, en un instante eterno,
de mirar cómo crece.
De crecer como centro lentamente.
De ser solo un abismo en transición.

PARAD LAS MÁQUINAS

Que nadie escriba más.
Nada de cuanto digas será escuchado ya.
Quizás lo que no existe exija precio
al tiempo de nacer y nadie quiera
tener otra forma de morir, otra
idea de la vida.
En esta biblioteca todo habrá sucedido
una primera vez
y en un único día.
Parad, guardias del último destierro.
Parad ya las máquinas Olivetti.
La muerte no desea repetirse en nosotros,
resignarse así a ser comprendida,
ni siquiera con versos
tristes de compasión o de placer.
Ningún significado
sobrevivirá a lo que somos.

                                     Nunca
te fíes de la memoria del fuego.
De nada sirve escribir o ser escrito,
pidiendo a la ceniza
que caiga donde debe.

PARA ALQUILAR

> I've been looking so long at these pictures of you
> That I almost believe that they're real
> THE CURE

> T'as vu, j'suis là
> Je suis rentrée chez nous
> CLIO

La casa es una línea en la memoria.
Carece de volumen,
nada le es propio.
                    La despojaron, pobremente,
de armonía.
De paredes de aquí y no de allá,
y estructura sintáctica.
Era solo un cuerpo para reunirse
con otros más efímeros.
Murió obcecada por complacerlos.

Ved cómo la dejaron.
Hubo que ponerle un punto final al pasillo.
Quedó abocada a la insatisfacción

y al tiempo de recreo:
el ocio de dormir.

Retratos ya borrosos, faltos de arte;
sin nadie que los mire
perdieron su valor.
Platos, cubertería,
la mesa de cristal donde escribiste
aquel poema en homenaje a Larkin.
Recambios de bombillas en el baño.

Se llevaron los libros, y fue más larga
la soledad del cuarto de invitados.
La cama sin preguntas,
de un solo pasajero.

La casa es una línea
sin llaves a la entrada.

CASA TOMADA

La casa no es más que este instante
donde todo conspira por caer.

Despoblada de límites, y hecha sin paredes,
apenas con palabras,
a medida que muere
pierde siluetas, fondos de alquitrán.
Es hueco en el que hundirte,
y que hace pie en la infancia.
Papel para fumar.
Papel para envolver
en ti las excepciones.

Quizás, alguien la junte, ya tomada,
trazando oscuridades,
al cuerpo del dolor,
buscando una salida de lo ausente.
Y cubra escombros, costuras ideales.

Aquí no existe aquí.
Aquí, aunque lo niegues,
siempre estás en la habitación que falta.
Y los tapiados muros cristalizan

como un poco de sol
sobre la página jamás escrita.
Aquí serás, tú solo,
el padre de todo lo olvidado,
centro de gravedad que ya se oxida,
un eje inexistente.
Y no tendrás afueras.

NO SOY NADIE

Nada de lo que razono me explica
como hombre de costumbres.
Estoy en todas partes. Me inclino pero no sumo
distinciones, elogios
de polvo rezagado.
Tampoco curo mapas.
Este es mi territorio: el del nómada.
Si me duermo, decoro vaguedades,
silbos desorientados,
o me dejo caer
cincelando certezas,
ceñido al escozor del desamparo.
¿Es este sueño propiedad del vértigo?

Se clava en la pared,
punto móvil, mi historia.

MAQUINARIA DE PERFECCIÓN

En esta humilde torre de Babel de mi cuerpo
las porciones se cuidan a sí mismas,
cada órgano de gobierno es autónomo
y negocia sus mínimos contratos,
la independencia está a la orden del día.
Hay una conspiración para cada partícula,
drama genético
dispuesto a repetirse,
con sutiles enlaces.
Y uno guarda sus prendas
de sangre con el cuidado de un biólogo
en el laboratorio de la universidad,
o pinta de amarillo las paredes
del malestar hepático,
si le viene en gana,
bebiendo botellón o un ron lujoso.

Los síntomas se salen del contorno
para mantener eternamente inacabado
al hombre que los sueña.
Ponen acaso epígrafes de sombras,
esperan detrás de una línea a que alguien
los llame por su nombre,

haciendo de doctor.
Nos demuestran que el cuerpo sabe hablar,
no de forma unitaria,
con sus representantes
sindicales y políticos correspondientes,
que no llegan a ponerse de acuerdo.

Este, y no otro, es el cuerpo que conozco.
Y, ¿es por eso el mío?

SALDOS DE LA OSCURIDAD

I

La noche no renunciará al cuerpo
de donde nace el mundo.

Nadie rescatará
del barro la luz, del agua la duda.

Lugar que me recuerdas, nunca existas.
Pon en todas las huellas
restos
de desconocimiento.

II

Pararse aquí es estar
más lejos.
Es así como los muertos se quedan tranquilos.

La eternidad la da el conocimiento
del lugar donde yaces.

Las llagas en el mármol
acompañan la lectura del día;
saber lo que sabes te hace estar vivo.

NUEVO FÉNIX

Dejan desordenada
su habitación los árboles.
Han olvidado el gesto de marcharse.
Si saben hacer ruido,
de él muy poco nos llega.
Camas deshechas, de camino a casa,
hojarasca, y la luz por sentimiento.
Basta verlos juntarse
para formar un hombre.
Un hombre que se mueve, y emerge de entre ellos.

Ninguna forma estable, eso sí,
y menos que resista
la eternidad de las alegorías.

GLOBO TERRÁQUEO

De pronto todo el mundo fue mi casa.
Quizá, en el pasillo,
las ruinas circulares.
Y en la cocina, algún puente romano.
Gente rara entrando en mi biblioteca,
que era un desierto: arena en las palabras,
versos sin enterrar, aunque tachados.
Cerca del frío escritorio un busto
de Keops, encuadernados
mapas con notas de orador tedioso,
y un insufrible telón de sueño.

Este es mi territorio: le di vida.
No tuvo un punto cero.
Fue un hueco palpitante.

Índice

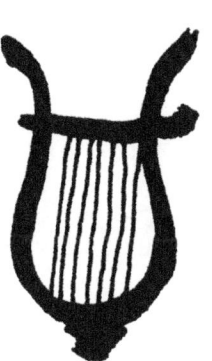